Besuchen Sie uns im Internet:

www.glaubenssachen.de

FRANK MAIBAUM war drei Jahrzehnte Pfarrer in Ruhrgebiet und Münsterland sowie Autor von Büchern und Internetportalen. Er war überdies viele Jahre Mitglied der Deutschen Gesellschaft für Verhaltenstherapie und Hochschullehrbeauftragter für Verhaltensbeobachtung/Gesprächsführung.

Mehr über den Vorgängerband dieses Büchleins, »Liebe wird sein …«, finden Sie auf Seite 4 sowie unter: www.glaubenssachen.de – www.frank-maibaum.de

ISBN 978-3-87503-263-5

Covergestaltung und Covergrafik: Willi Schrader

FSC-zertifiziertes Papier aus verantwortungsvollen Quellen

Frank Maibaum

Ich ruf dir meine Liebe zu, ein Dankeschön und ein Verzeih!

Edition Steinkopf

Liebe wird sein, Liebe, was sonst! von Frank Maibaum

Abschied, Tod und Trauer sind schmerzlich. Heilsam ist es, dabei dem ewig kleinen Prinzen und der alten weisen Frau zu begegnen. Man sieht Leben und Tod mit den Augen der Liebe. Die Gedichte und Geschichten geben Antworten auf Fragen nach dem Jenseits. Sie trösten und sind gute Grundlagen für Trauerreden.

Das Abschiedsbuch von Frank Maibaum

Das Buch begleitet Sterbende und unterstützt Hinterbliebene bei der schweren Aufgabe, eine Bestattungszeremonie zu planen. Deren Ablauf wird erklärt. Hinzu kommen Geschichten, Gedichte, Gebete, Bibelverse, Empfehlungen für Musik sowie eine Sammlung der beliebtesten Trauerüberschriften.

Das Taufbuch von Frank Maibaum

Der praktische Ratgeber für alle, die ihr Kind taufen lassen und die Feier mitgestalten möchten. Er bezieht sich auf die Taufpraxis beider großer christlicher Konfessionen und bietet Lesetexte sowie Gestaltungsideen. Der Anhang enthält Taufsprüche, Gedichte, Geschichten sowie biblische und außerbiblische Texte.

Das Traubuch von Frank Maibaum & Verena Schmidt

Dem Brautpaar werden Ablauf und Bedeutung der christlichen Hochzeit erklärt. Das Buch zeigt, wie das Paar sowie Freunde und Verwandte aktiv werden können: Vom Schmücken der Kirche bis zum Schlusssegen sind viele praktische Gestaltungshilfen enthalten. Der Anhang bietet Trausprüche aus Bibel und Literatur.

INHALT

Zu Beginn

Du bist nicht mehr da! ... 9

Abschied

Die Liebe bleibt ... 13
Eure Liebe und Dankbarkeit ... 14
Wünsche für den letzten Weg ... 15
Gott schickt mich auf neue Wege ... 16
Alles Gute ... 18
Abschied für immer ... 19
So geh du nun ... 21
Mein Platz für die Ewigkeit ... 22

Liebe

Trauer und Liebe ... 25
Eine stille Umarmung ... 26
Ganz nah ... 28
Warum ... 29
Quälende Fragen ... 30
Wo bist du, nachdem du uns verlassen hast? ... 31
Dir nahe sein ... 35
Sieh mich, hör mich, spür mich ... 36
Teil meines Lebens ... 37
Ein Platz für uns ... 38
Das Haus auf der Brücke ... 40
Das Band zu dir ... 42
Sieh mich ... 43
Ein Trauerjahr ... 44

Dankeschön

Die Wege mit dir 49
Nicht ohne euch 50
Ewige Heimat 52
Unglaubliche Gnade 54
Ich danke dafür 56
Danke für die Tränen 57

Verzeih

Zu spät? 61
Über alle Grenzen hinweg 62
Friede 65
Entschuldigung bei Vater und Mutter 66
Verzeih 67
In Gottes Hand 68

Zum Ende

Durch Gott miteinander verbunden 71
Schau auf Trauer, Schmerz, Liebe und Dankbarkeit 72

Zu Beginn

Du bist nicht mehr da!

Du hast diese Welt für immer verlassen. In mir ist Leere. Es ist, als sollte ich das Tagebuch meines Lebens schließen. Was gibt es noch Bedeutendes festzuhalten?

Dich werde ich behalten, im Gedenken, in meinen Tagträumen, in meinem Herzen. Ein neues Kapitel meines Lebens beginnt. Ein trauriges, manchmal schmerzendes, oft einsames, suchendes, vermissendes Kapitel. Doch auf meinen Wegen wirst du sein, ganz unvorstellbar neu. Damit du nicht verloren gehst, werde ich dich immer wieder mal rufen, dich fragen, dir etwas sagen. Ich werde in die Stille lauschen, Antwort ersehnend.

Zunächst einmal rufe ich dir meine Liebe zu, ein Dankeschön und ein Verzeih. Diese drei sind mir besonders wichtig. Liebe, Dankbarkeit und Verzeihen wünsche ich mir als Grundlage für unsere neue Nähe über die Grenze von Leben und Tod hinweg.

Liebe ist stärker als der Tod, sagt man. Ich wusste, dass meine Liebe den Tod überdauern wird. Ich ahnte nicht, dass sie sogar noch stärker wird. Das erfahre ich gerade. Meine Liebe wächst mit jeder Träne, mit jedem Augenblick, den du nicht mehr bei uns bist. Ins Unermessliche wächst sie. Und mit ihr die Sehnsucht nach deiner Nähe. Immer wieder ruft mein Herz nach dir: Sieh mich! Hör mich! Ich liebe dich!

Mit demselben Atemzug rufe ich: Danke! Wie die Liebe wächst auch der Dank mit jedem Gedanken an dich, mit jedem Moment, in dem ich dich vermisse. Verschwunden ist, was diesen Dank dir gegenüber trüben könnte. Da ist kein Danke-Aber in mir, kein Zweifel, keine Einschränkung. Ich danke nicht nur für die Wege mit dir; ich danke für alles. Ein strahlendes Dankeschön ruft mein Verstand, ruft meine Seele.

„Und das Verzeih?“, fragt eine Stimme in mir. Da ist viel, wofür ich dich noch um Verzeihung bitten möchte. Da sind Worte, Taten – fälschlich gesagt, getan oder unterlassen. Im Leben konnten wir damit umgehen. Einiges hätten wir noch miteinander ausgeräumt. Über manches hätten wir noch gesprochen. Doch nun, da du gegangen bist, nimm einfach mein Verzeih mit auf den Weg.

Ich wünsche mir, ich wäre dir mit meiner Liebe noch näher gewesen, hätte meinen Dank deutlicher ausgedrückt und das Verzeih frühzeitig ausgesprochen. Vergangenheit. So rufe ich dir nun noch meine Liebe zu, ein Dankeschön und ein Verzeih.

Abschied

Die Liebe bleibt

Wir erlebten wunderbare Zeiten miteinander. Was haben wir gelacht, getanzt, gefeiert! Wir waren erfüllt von Glück und Liebe. Dankbar bin ich für diese Zeit.

Die Lust zum Feiern ist vergangen; das Lachen ist verdrängt durch Abschiedsschmerz. Das Glück scheint versunken. Doch die Liebe ist geblieben. Und mitten in die Traurigkeit hinein möchte ich immer wieder „danke“ rufen. Danke für die gemeinsame Zeit.

So geh nun deinen Weg.
Du gehst ihn scheinbar ganz allein.
Doch wirst du unsere Liebe spüren,
die bei dir ist, wohin dein Weg auch führt.

Auch Gottes Engel werden dich begleiten.
So geh nun deinen Weg.
Unsere Liebe und Gottes Engel werden bei dir sein.
So geh nun, du bist nicht allein!

Eure Liebe und Dankbarkeit

Lasst euch beim Abschied nicht vom Schmerz erdrücken.

Ich kann nicht gehen, wenn ich weiß, dass in euren Herzen Dunkelheit, Leid und Sorge sind. Gern spüre ich eure Liebe und Dankbarkeit.

Wenn ihr mir nachblickt, verliert euch nicht in Klagen.

Ihr seht, dass ich schwach geworden bin, dass mich die Kraft verließ. Es ist für mich nun gut, in einer ewigen Heimat Frieden zu finden.

Begleitet mich still auf meinem Weg. Seid in Gedanken bei mir, wenn ich zu meiner letzten Ruhestätte gehe.

Wenn ihr mögt, verabschiedet mich mit einem Gebet. Vielleicht hört es jemand in den Weiten der Ewigkeit.

Verbeugt euch jedenfalls demütig vor der Kraft, die Himmel und Erde bewegt. Das tut gut, euch und mir.

Singt bitte keine übertriebenen Lobeshymnen auf mich.

Erinnert euch an mich liebevoll, aber mit all meinen Schwächen und Stärken. Dann werde ich mich wiedererkennen, wenn ihr von mir erzählt.

Wünsche für den letzten Weg

So geh nun heim! Hilflos und voll Schmerz bleiben wir zurück. Uns bleibt nur, dir nachzublicken. Unsere Liebe, unseren Dank und unsere guten Wünsche geben wir dir mit auf deinen Weg.

Wir wünschen,
dass Engel dich in die ewige Heimat geleiten,
dass sie vorangehen, um dir den Weg zu zeigen,
dass sie dich stützen, wenn du schwach bist,
dass sie dich tragen, wenn deine Kraft versiegt.

Wir wünschen,
dass die Chöre der Engel dich empfangen,
dass ihr Gesang dich tröstet,
dass ihre Hymnen dich erwecken zu ewigem Leben,
dass du dich willkommen weißt.

Wir wünschen,
dass der Allmächtige sich dir zuwendet,
dass er seine Arme weit ausbreitet,
dass er dich beim Namen nennt und dir zuruft:
„Komm wieder, Menschenkind!“,
dass du für ewig zu Hause bist.

Gott schickt mich auf neue Wege

Ihr seid unsagbar traurig, dass ich euch verlassen muss. Das tut mir gut. Ich erkenne daran, dass ich weiterhin einen Platz in eurem Leben habe und besonders in euren Herzen. Ich sehe in euren Tränen eure Liebe. Doch Tränen der Sorge um mich müsst ihr nicht weinen. Ich werde in guten Händen sein. Ich habe Vertrauen. Lasst euch von mir etwas davon abgeben:

Gott ist es,
der mich einst auf den Lebensweg schickte.
Er sendet mich nun zu neuen Zielen.
Er begleitet mich durch unbekanntes Land.
Er ist der Wegegott!

Gott ist es,
der ein Leben lang über mich wachte.
Er wird nun an meiner Seite sein
und mich beschützen vor allen Gefahren.
Er ist der Wächter!

Gott ist es,
der sich stets um mich sorgte.
Er wird darauf achten, dass ich mich nicht verlaufe.
Er blickt aufmerksam auf meine Schritte
und holt mich zurück, wenn ich in die Irre gehe.
Er ist der gute Hirte!

Gott ist es,
der mir immer wieder die Dunkelheit erhellte.
Er leuchtet mir nun durch die tiefste Nacht,
dass keine böse Macht sich mir nähern kann.
Er ist das Licht!

Gott ist es,
der mich über alles liebt.
Er ruft mich, schließt mich in die Arme,
schenkt mir ewige Geborgenheit.
Er ist die Liebe selbst!

Ich gehe,
begleitet vom Wegegott,
beschützt vom Wächter,
umsorgt vom guten Hirten,
geleitet vom Licht,
empfangen in ewiger Liebe.
So gehe ich nun in Frieden.

Alles Gute

Alles Gute wünschen wir dir zum Abschied. Alles Gute – was kann das sein in der Welt, in die du nun gehst? Wir wissen nicht, was du da brauchst! Doch was wir geben können, geben wir:

Unsere Liebe schicken wir in deine Welt,
unsere guten Gedanken, unsere Erinnerungen,
unser Verzeihen, unser Hoffen und Sehnen,
unsere Tränen auch, unser Lachen und unseren Dank.

Alles Gute von Gott wünschen wir dir dazu.
Wir wünschen dir seinen Trost, sein Erbarmen,
seine Vergebung, seinen Schutz,
seine Gnade und seine Kraft.

Wir wünschen,
dass er dir grenzenlosen Frieden schenke,
innige Geborgenheit, eine ewige Heimat
und seine bedingungslose Liebe.

Unsere Liebe und unsere guten Wünsche
packen wir dir ins Gepäck.
Und Gott gibt seinen Segen dazu.
So kann deine Reise gelingen.

Abschied für immer

Ich blieb so gerne hier; doch weiß ich, dass ich gehen muss. So gehe ich getrost. Ich weiß nicht, was nach diesem Leben kommt. Ich lass mich überraschen. Vielleicht gibt es die Ewigkeit, ein Leben nach dem Tod. Hoffnung habe ich schon, auch, dass wir uns einst wiedersehn.

Vor mir liegt ein unbekannter Weg,
den ich wohl alleine geh.
Ich geh voraus!

Wohin der Weg mich führt,
ich weiß es nicht.
Vielleicht ist da ein Ziel;
doch ungewiss ist auch,
ob ich es je erreiche.

Der Weg ist ungewiss,
das Ziel ebenso.
Doch Leid wird da nicht sein.
Kein Schmerz wird meinen Körper quälen.
Der Himmel strahlt stets über mir,
und unter mir wird stets die Erde sein,
wo ich auch bin und wie.

Zu hoffen wage ich zudem,
dass Gottes Liebe
mich umgibt wie nie zuvor.

Doch Friede, Himmel, Erde, Gott,
das ist mir nicht genug.
Ich brauche eure Liebe noch dazu.
Mein Weg darf dann gern endlos sein,
selbst ohne Ziel.
Ich kann ihn gehn,
solang ich eure Liebe spür.

Lasst mich nun los
und bleibt mir nah,
dann bin ich doch nicht ganz allein.

Getrost und hoffnungsvoll ruf ich „adieu“,
und leise füge ich hinzu:
„Bis dann, vielleicht gibt's doch ein Wiedersehn.
Wer weiß schon wo und wie und wann.
Bis dann!“

So geh du nun

So geh du nun,
wir lassen dich los.
Wir wünschen dir,
dass du den Weg nicht aus den Augen verlierst!

So geh du nun,
wir blicken dir nach.
Wir wünschen dir,
dass du das Licht am Horizont stets siehst!

So geh du nun,
unsere Gedanken begleiten dich still.
Wir wünschen dir,
dass du hörst, wie jemand dich ruft!

So geh du nun,
wir sind bei dir.
Wir wünschen dir,
dass du dich nicht allein fühlst!

So geh du nun,
Gottes Segen wünschen wir.
Mögest du spüren,
dass jemand dich empfängt!

So geh du nun,
unsere Liebe umgibt dich.
Mögest du in der ewigen Heimat Geborgenheit finden!

Mein Platz für die Ewigkeit

Wir sind manche Wege miteinander gegangen,
kürzere und längere Strecken;
doch da ist einer,
der ging stets mit,
so weit wie keiner.

Wir haben uns vieles gesagt,
auch einiges verschwiegen;
doch da ist einer,
der hörte das Leise, das Laute,
das Ungesagte so deutlich wie keiner.

Ihr wisst so viel von mir,
ihr kennt mich;
doch das Tiefste in mir,
all mein Hoffen, mein Bangen,
mein Sehnen und Verlangen kennt einer wie keiner.

Mit euch ging ich durch die Welt,
ihr bleibt meine geliebte Heimat;
doch er schickte mich
und ruft mich nun zurück,
bei ihm ist mein Platz für die Ewigkeit.

Liebe

Trauer und Liebe

Dich nicht mehr hier bei uns zu haben macht mich unsagbar traurig. Ich wünsche, dass du meine Trauer siehst, wo immer du jetzt bist.

Schau auf meine Tränen. Mein Herz ist voll Schmerz. Mitten in diesem Schmerz spüre ich auch sehr viel Liebe. Schau bitte auch auf diese Liebe.

Ich habe nicht geahnt, wie verwandt Trauer und Liebe sind. So stark wie die Trauer ist die Liebe; stark wie die Liebe die Trauer. Die eine wäre nichts ohne die andere.

Umso mehr ich dich vermisse, umso mehr schmerzt es; und umso mehr es schmerzt, umso näher komme ich dir. Ich höre dich in der Stille, fühle dich in der Leere.

Ich wünsche, dass du weißt: Meine Liebe begleitet dich auf dem Weg in die Ewigkeit.

Eine stille Umarmung

Du bist von uns gegangen. Mein Leben ist zerrüttet. Da ist kein Boden unter meinen Füßen. Ich spüre keinen Halt. Ich versuche, das zu ergreifen, was mir je wichtig war. Es verfliegt wie Rauch im Wind.

Was hält mich im Fall? Ich greife ins Leere. Wer hält mich? Man ruft mir liebe Worte zu. Ich höre sie wohl. Sie rauschen vorbei.

Mitten ins Fallen hinein träume ich diese Geschichte:

Ein Mensch macht sich auf den Weg in ein Trauerhaus. Was werde ich sagen, fragt er sich, mit welchen Worten kann ich trösten? Er spielt mit möglichen Sätzen, nimmt sie an, verwirft sie wieder. Vielleicht hilft ein Umweg durch den Park. Dort, auf der einer Bank werde ich innehalten, meine Worte abwägen.

„Ein schöner Tag heute, nicht wahr!“, bemerkt ein Mann im Vorübergehen.

„Ja, wohl wahr, doch ich bin auf dem Weg in ein Trauerhaus. Ich grüble, was ich sagen kann.“

„Das wird schon werden!“, ruft der Mann.

„Ich bin auf dem Weg in ein Trauerhaus, unsicher, wie ich trösten kann", bekennt er der Frau, die sich zu ihm setzt.

„Der Tod gehört zum Leben", spricht sie, steht auf, „das wäre doch so ein Satz für Sie." Und geht.

Da sitzt der Mensch, noch ohne Antwort auf seine Frage. Ein Ball rollt heran. Ein kleiner Junge springt hinterher, greift seinen Ball und schaut. „Bist du traurig?"

„Ein Mensch ist gestorben, ja, ich bin traurig. Und ich bin auf dem Weg zu Menschen, die noch viel trauriger sind."

Der Junge schaut ihm ins Gesicht, legt seinen Ball beiseite, steigt auf die Bank, umarmt ihn still und fest, steigt hinab, nimmt den Ball und springt davon.

Ergriffen blickt der Mensch ihm nach. Dann setzt er seinen Weg fort, wohl wissend, was er tun wird. Der kleine Junge gab ihm die Antwort.

Man ruft mir Worte zu; sie erfassen mich nicht. Doch ein Blick, der mich versteht, erreicht mich. Ein stiller Händedruck ergreift mich. Eine wortlose Umarmung hält mich.

Ganz nah

Ich musste von euch gehen. Doch so gern würde ich dir noch die Hand halten. Ich sehne mich danach, dich zu umarmen, dich zu drücken. Ich tue es über die Grenze von Leben und Tod hinweg. Spüre es bitte. Das tut auch mir gut. Und wisse: Ich bin da, denn ich bin nun überall und auch zu jeder Zeit.

Wenn ich gegangen bin, werd ich dir nahe sein,
oftmals näher als je zuvor.

Wenn ich gegangen bin, bin ich fort und doch hier,
im fernen Land und dennoch bei dir.

Ich bin dir nah, wenn du mich brauchst,
wenn du dich sehnst, halt ich die Hand.

Wenn ich gegangen bin, zählt weder Raum noch Zeit,
dann bin ich überall und immerdar.

Ich habe Heimat in der Ewigkeit.
Was unvorstellbar klingt, wird wahr.
Denn er, der das verspricht,
ist selbst der Raum, die Zeit,
die Ewigkeit.

In ihm sind wir uns nah,
wenn ich gegangen bin.

Warum

In mir bohren Fragen: Warum? Warum musstest du gehen? Warum jetzt? Warum so? Ja, ich weiß, dass du nicht für immer bei uns bleiben konntest. Und wieder ruft es in mir: Warum? Warum war dir nicht mehr Zeit auf dieser Erde vergönnt? Warum war uns nicht mehr Zeit miteinander vergönnt? Warum dieser Schmerz? Warum ich? Warum wir? Warum du?

Bisher war mein Leben im Gleichgewicht;
warum ist es nun so zerrüttet?
Bisher sah ich einen Sinn in allem Sein;
warum kann ich ihn nicht mehr finden?
Bisher war das Glück mir hold;
warum bin ich nun so gestraft?
Bisher stand ich auf festem Grund;
warum spüre ich nun keinen Boden unter den Füßen?
Bisher war viel Kraft in mir;
warum bin ich nun so leer?

Das Warum schreit in mir. Mein Warum hören die Menschen, die mich umgeben. Doch ihre Antwortversuche erreichen mich nicht! Das Warum schreie ich zum Himmel. Doch der Himmel bleibt still! Wie kann ich das Warum in mir besänftigen? Wie kann ich mich von ihm befreien? Wird das Warum irgendwann eine Antwort finden? Wann lassen die bohrenden Fragen mich los?

Quälende Fragen

Ich sehe dich aus der Ferne.
Ich sehe dich in deinem Schmerz.
Dich quälen so viele Fragen. Wie gerne würde ich jedem Warum eine Antwort zuwerfen. Ich sehne mich danach, dir die zermürbenden Fragen zu vertreiben!

Ich könnte rufen: „Unsterblichkeit gibt es nicht, Gott allein ist ewig!"
Ich könnte rufen: „Vielleicht ist da doch ein Sinn, der uns aber verborgen bleibt!"
Ich könnte rufen: „Gott hat keinem Menschen je versprochen, ihn an Leid, Abschied, Schmerz und Tod vorbeizuführen; aber er reicht seine Hand, um uns auf dem Weg hindurch zu halten!"

Dies und viel mehr könnte ich den schmerzenden Fragen zurufen; doch selbst, wenn ich es hinausschreien würde, hören würden sie es nicht. Denn die Fragen, die dich quälen, verlangen nicht nach Antworten. So wie der Tod nicht wegzureden ist und nicht die Trauer, lassen auch sie sich nicht mit Worten vertreiben. Die Fragen begleiten den Tod, lassen sich von diesem Gefährten nicht trennen, gehen mit ihm ihren Weg.

Lass Dank und Liebe in deiner Trauer wachsen. Die bohrenden Fragen werden dann weiterziehen und der Hoffnung ihren Platz überlassen.

Wo bist du, nachdem du uns verlassen hast?

Der kleine Prinz, der vor vielen Jahren den Dichter Saint Exupéry begleitete, rief diesem zum Abschied zu: „Wenn du bei Nacht den Himmel anschaust, wird es dir sein, als lachten alle Sterne, weil ich auf einem von ihnen wohne, weil ich auf einem von ihnen lache."

Diesen Zuspruch höre ich, wenn ich in den Himmel schaue in sternenklarer Nacht. Ich erahne dich dort in der Ferne geborgen. Hoffnung sinkt aus den ewigen Weiten herab in mein Herz.

Doch wenn mein Blick dann wieder zur Erde sinkt, sage ich mir: Dich in der Ferne zu sehen ist nur ein Wunschtraum meiner Trauer. Wie kindlich ist mein Blick zu den Sternen, dich erahnend, dich hörend durch die Tiefe der Nacht. Darf ich mich solchen Vorstellungen hingeben?

Du bist nicht mehr da! Wo bist du wirklich? Bei solchen Zweifeln und Fragen kommt mir eine Geschichte in den Sinn. Ich erzähle sie dir gern. Ich weiß, dass auch du Geschichten liebst:

„Ich sehe den lieben Menschen, der von mir gegangen ist. Ich spüre ihn. Ich höre ihn. Ich spreche zu ihm. Doch darf ich mich solchen Tagträumen hingeben. Er ist doch nicht mehr da! Sollte ich mir nicht sagen: Träume nicht! Löse dich! Er ist fort für immer! Aber wo ist er und wie?"

Diese Fragen bewegen eine Trauernde. Man sagt ihr, es gebe einen Mönch, der die tiefen Fragen des Lebens beantworten könne wie niemand sonst. Doch dieser Mönch lebt in einem Kloster oben auf dem höchsten Berg eines fernen Landes. Ein beschwerlicher Pfad, den man nur zu Fuß erpilgern kann, führt zu ihm.

Doch die Sehnsucht in ihr, eine Antwort auf ihre Fragen nach dem Jenseits zu erhalten, ist stark. So überwindet sie die Entfernung und alle Hindernisse.

Sie steht schließlich vor dem Mann, den man Chrysostomos nennt, was Goldmund heißt.

„Ich sehe den geliebten Menschen", erklärt sie ihm. „Ich sehe ihn in den Weiten des Alls, in den fallenden Blättern, in den Strahlen der Sonne. Ich höre ihn im Rauschen der Ähren, im Brausen der Wellen, im Lärm der Großstadt. Ist das seltsam? Darf ich so träumen? Und wenn nicht, wo ist er wirklich?"

Der Blick des Chrysostomos schweift über die Sammlung seiner Bücher.

Sie folgt seinem Blick. Sie sieht Geschichtsbücher und Bücher mit Geschichten, Weisheitsbücher, Sammlungen von Gebeten, Sprichwörtern und bedeutenden Reden. Sie spürt, dass ihm all diese Bücher vertraut sind. Sie will ihre Hand ausstrecken, um das entgegenzunehmen, das ihre Fragen stillt.

„Du fragst mich“, sagt Chrysostomos in die erwartungsvolle Stille, „doch ich bitte dich, schau zunächst in dich hinein. Gib erst selbst eine Antwort!“

„Den lieben Menschen so zu sehen, zu hören, zu fühlen ist so tröstlich“, sagt die Trauernde.

„Mehr noch?“, fragt der Mönch.

„So liebevoll“, fährt sie fort, „so beruhigend, so heilsam. Es ist gut und wahr. Ich spüre Hoffnung, doch ...“

„Du hast die Antwort auf deine Fragen gefunden“, wirft der Mönch ein, den man Goldmund nennt.

„Aber das ist nur, was in mir ist! Ich frage dich in deiner Weisheit, ich frage nach endgültiger Wahrheit. Wo ist der Mensch, der uns verlassen musste? Was darf ich hoffen? Was darf ich träumen? Was muss ich glauben?“

Der Mönch blickt sanft auf die Trauernde. „Du fragst wieder mich. Doch du hast gesehen, dass die Wahrheit in dir wohnt. Wenn es um Fragen geht, die im Tiefsten bewegen, Fragen um Trauer sowie Liebe, um Sehnsucht, Hoffnung sowie den Schmerz der Seele, dann findet der Mensch Antworten nur in sich. Tut mir leid, dass du den weiten, beschwerlichen Weg auf dich nehmen musstest.“

„Schon gut“, verabschiedet sich die Trauernde. „Ich danke dir, der Weg war nicht zu weit. Es war ein bedeutender

Weg. Es war der Weg zu mir! Ich habe gefunden, was ich suchte.“

Ich sehe dich nun gut und gern am Himmelszelt jenseits des Regenbogens, hinter dem Horizont, im Land des ewigen Friedens, wo kein Schmerz herrscht, keine Sorge, in den Weiten der Glückseligkeit.

Dir nahe sein

Um dir nahe zu sein,
schaue ich wieder öfter
in die weite, sternenklare Nacht,
um Unendlichkeit zu erahnen
und Ewigkeit zu erspüren.

Um dir nahe zu sein,
betrachte ich die Sterne,
um zu hören,
welche Botschaft
aus der Unendlichkeit
zu mir dringt.

Um dir nahe zu sein,
zähle ich die Sterne,
erahnend,
wieviel Hoffnung ich haben darf,
wieviel Segen auf uns liegt.

Um dir nahe zu sein,
schaue ich in den Himmel,
lasse mir zurufen:
Der Segen,
der über der ewigen Vergangenheit
und unendlichen Zukunft liegt,
gilt auch für dich und mich.

Sieh mich, hör mich, spür mich

Blicke herauf zu den Sternen,
gib dich hin deiner Sehnsucht.
Sieh mich, wie ich lächelnd zurück schau.
Da ist auch Sehnsucht in mir.

Blicke herauf zu den Sternen,
höre mein lautes Danke.
Weil wir gemeinsam fühlten,
was Glück wirklich ist.

Sie mich, hör mich, spür mich,
über alle Grenzen berühr mich.
Neues Leben erwacht,
dort für dich,
hier in der Ferne für mich.

Blicke herauf zu den Sternen,
doch lass die Sonne dann aufgehn.
Sie lässt Dunkelheit Vergangenheit sein.
Begrüße den neuen Tag mit ihr.

Teil meines Lebens

Ich blicke in den Nachthimmel und erahne dich.
Du hast einen Platz in der Ewigkeit.
Ich blicke in mich und spüre dich.
Du hast eine Heimat in meinem Herzen.

Manche Menschen, sobald sie merken, dass du
noch Teil meines Lebens bist, mahnen: „Lass los!"
Wenn ich von dir erzähle, flüstern sie: „Vergiss!"
Aber wieso sollte ich dich loslassen, dich vergessen?

Du warst Teil meines Lebens;
du bist Teil meines Lebens;
du bleibst Teil meines Lebens.
Loslassen wird mich der Schmerz;
ich halte ihn nicht.
Verfliegen werden die zermürbenden Fragen;
denn sie werden merken,
dass es auf sie keine Antworten gibt.

Ich werde nach vorn blicken, weitergehen.
Aber eine Zukunft ohne Vergangenheit gibt es nicht.
Ich kann die Vergangenheit nicht zurück lassen.
Die Wege, die ich gegangen bin, und die Wege,
die vor mir liegen, sind eine Einheit.
Dazu gehören auch die Wege mit dir.

Ein Platz für uns

Irgendwo
ist ein Platz für uns.
Es wird ihn geben,
den Ort,
an dem unsere Träume sich treffen,
irgendwo.

Irgendwie
werden wir uns wiedersehen.
Da ist eine Welt,
unvorstellbar von hier,
wo man ewig liebt,
irgendwie.

Irgendwann
kommt die Zeit für uns.
Wir werden uns wiedersehen,
in die Augen schauen
wie lange nicht mehr,
irgendwann.

Jetzt
reiche ich dir die Hand
über alle Grenzen hinweg.
Halt mich, vergiss mich nicht,
und Träume der Liebe werden wahr.

Ich rufe dir
zum Abschied zu:
Bis irgendwo,
bis irgendwie,
bis irgendwann!

Das Haus auf der Brücke

Ich danke euch, dass etwas bleibt von mir und ich nicht vergessen bin. Es tut mir gut, dass du an mich denkst, dass du mich nicht vergisst, dass ich noch wichtig bin, dass wir uns noch nahe sind, dass ich noch einen Platz in deinem Leben habe und dass ich deine Liebe spüre. Doch bedenke auch:

Da war ein Mensch voller Schmerz über den Verlust eines geliebten Menschen. Er baute eine Brücke zu diesem aus Steinen der Erinnerung, des Dankes und der Liebe. Wenn er über die Brücke ging, war er dem geliebten Menschen nahe. Die Brücke ermöglichte es ihm, zu verweilen, solange er mochte, und wieder zurückzugehen, sobald es an der Zeit war. So weit, so gut. Schließlich hatte er den Wunsch, den Weg von Ufer zu Ufer abzukürzen. Also baute er sein Haus mitten auf die Brücke und zog hier ein. Doch schon bald – eines Morgens, als er aus dem Haus treten wollte – fanden seine Füße keinen Grund. Das Haus schwebte im Nichts. Die Brücke war nicht mehr da. Zu schwer war die Last geworden.

Bleib in Bewegung, das wünsche ich mir. Darum erzähle ich dir dies vom Haus auf der Brücke. Halte eine gute Verbindung zu mir aufrecht, doch lass dich nicht auf dem Weg zu mir nieder. Komm und geh. Das tut dir gut und mir. So wanderst du über die Brücke, die du zu mir findest, wann immer du möchtest herüber und lebst doch dein Leben. Bleib ein Pendler. Sieh mich mit all den Gefühlen, die der Abschied in dir wach rief, und öffne die Augen für die Schönheit der Welt. Lebe! So möchte ich dich sehen.

Bleib in Bewegung, das wünsche ich mir. Die Trauer hat dich gelehrt, dass du die bedeutenden Wahrheiten des Lebens tief in dir findest. Doch sie sind nicht in Stein gemeißelt. Sie verändern sich mit dir. Darum ist es wichtig, dass du immer wieder nicht nur zu mir blickst, sondern auch in dich hinein schaust. Bleibe ein Pendler! Lass dich aber auch nicht auf dem Weg in dein Innerstes nieder. Blicke in dich und betrachte die Welt. Lebe! So lebendig möchte ich dich sehen.

Das Band zu dir

Ich schließe meine Augen. Ich sehe mich hier, hier im Jetzt. Mein Blick wandert zu dir. Er findet dich dort, dort im Irgendwo.

In Gedanken schicke ich ein blaues Band von meiner Stirn zu dir. Es bahnt sich einen Weg, erreicht deine Stirn, irgendwie. Das blaue Band trägt meine Gedanken hinüber. Meine Worte haben einen Weg gefunden. Ich betrachte uns so. Mich, hier im Jetzt, dich, dort im Irgendwo, verbunden durch dieses blaue Band von mir zu dir.

Ich halte dieses blaue Band zu dir aufrecht und schicke von meinem Herzen aus noch ein rotes Band hinaus. Es erreicht dein Herz. Ich blicke auf das Band. Es bringt meine Liebe zu dir.

Ich betrachte beide Bänder. Da sind die Worte, die zu dir wandern. Da ist die Sehnsucht, die dich erreicht.

Der blaue Faden. Mit einem „Ich denk an dich" ziehe ich ihn langsam zurück zu mir. Der rote Faden. Noch einmal lasse ich ihn aufleuchten. Mit dem stillen Ruf „Meine Liebe ist bei dir" ziehe ich ihn langsam zurück in mein Herz.

Hier sitze ich. Ich öffne meine Augen. Du bist fern von mir. Doch ich werde dich immer wieder mal so besuchen. Bis dann. Ich bin hier.

Sieh mich

Wie bin ich für dich, wenn du mich siehst hier in der Ewigkeit über alle Grenzen hinweg? Welches Bild scheint hinüber zu dir?

Siehst du mich noch erfasst von Schmerz?
Siehst du mich noch erdrückt von Leid?
Siehst du mich noch aller Kräfte beraubt?
Siehst du mich noch von Krankheit geplagt?
Dann siehst du mich nicht!

So war ich doch nur ein Wimpernschlag im Laufe meiner Lebenszeit. Hab mich bitte so nicht in Erinnerung. Wenn dieses Bild noch vor dir ist, lass es los.

Nun weite deinen Blick.
Sieh mich als Kind, hüpfend, tanzend, spielend.
Das bin ich!
Sieh mich in der Jugend, hoffend, suchend, findend.
Das bin ich!
Sieh mich auf dem Weg,liebend, sorgend, schaffend.
Das bin ich!

Lass jetzt das Licht, in das ich ging, auf mein ganzes Leben strahlen. Und blicke mit Stolz und Dank auf mich. Dann siehst du mich!

Ein Trauerjahr

Wie gehe ich durch das erste Trauerjahr? Ich werde die bunten Farben nicht zur Seite legen; ich werde sie mein Dunkel erhellen lassen. Ich werde die Feste des Jahres nicht meiden; ich werde meine Seele für ihre heilende Botschaft öffnen. Ich habe meine ganz speziellen Pläne für ein Trauerjahr:

Ich werde mich nicht nur einmal
in aller Frühe auf den Weg machen,
in den Sonnenaufgang wandern,
träumend, mir wüchsen Flügel
und ich flöge in der Morgenröte zu dir.

Ich werde mich nicht nur einmal
im Garten oder am Strand
auf den nackten Boden legen,
mich mit der Erde verbinden,
die dich sanft bedeckt.

Ich werde mich nicht nur einmal
mit ausgebreiteten Armen
dem Himmel entgegenstrecken,
den Segen erbitten,
der auch dich umfängt.

Ich werde nicht nur einmal
durch eine sternenklare Nacht wandern,
die Sternbilder suchen, die Sterne zählen,
mir vorstellen, dass du da geborgen bist
in den Armen des Ewigen.

Ich werde nicht nur einmal
meine Uhren abstellen
für einen ganzen Tag,
die Zeit still stehen lassen
für ungestörte Nähe mit dir.

Ich werde nicht nur einmal
geduldig und liebevoll zuhören,
wenn ein einsamer alter Mensch
seine Lebensgeschichte erzählt,
dabei schauen auf die Wege, die du gingst.

Ich werde nicht nur einmal
Menschen mit den Augen der Liebe betrachten,
so ihre Sehnsüchte erahnen, Hoffnungen,
Enttäuschungen auch und Dankbarkeit,
auf diese Weise sehen, was dich bewegte.

Ich werde nicht nur einmal
mitten im kalten Winter
meine Heizung ausstellen,
frierend die Entbehrungen erahnen,
die dein Leben dir abverlangten.

Ich werde nicht nur einmal
hüpfen, balancieren, rückwärts laufen,
mit einer Decke eine Bude bauen,
dich so nicht nur krank und leidend sehen,
sondern auch als glückliches Kind.

Ich werde ein Trauerjahr durchwandern, losziehen, sobald der Abschiedsschmerz nicht mehr lähmt. Der Weg wird nicht geprägt sein von Tränen, nicht durchzogen von Gram und Groll, nicht abseits des Lebens, sondern lebendig mit dir. Wir werden leben, nicht nur einmal!

Dankeschön

Die Wege mit dir

Ich tagträume mich auf eine Bank am Rand sommerlicher Felder und Wiesen. Hier sitze ich allein. Der Weg schlängelt sich hinauf. Du bist vorausgegangen, bist verschwunden jenseits der Anhöhe.

Der Weg zu dir ist zu weit. Wir sind getrennt. Ich blicke dir sehnsüchtig nach. Zurückgelassen bin ich hier. Ich spüre Trauer in mir.

Ich wende meinen Blick zurück. Ich schaue hinunter auf die Wege, die wir gemeinsam erwanderten.

Ich sehe dunkle Abschnitte. Wolken werfen bedrohliche Schatten. Auch diese Wege gingen wir.

Mein Blick wandert weiter, verweilt auf leuchtenden Wegstrecken. Sie liegen im strahlenden Sonnenlicht. Es breitet sich aus. In die Ferne treten die dunklen Abschnitte. Die Wege, die wir gingen, leuchten hell und wunderbar.

Sanfter Dank durchzieht meine schmerzende Trauer. Nun sind sie über mir, die goldenen Sonnenstrahlen, die sich durch die dunklen Wolken bahnen.

Ich werde weitergehen, dir nachschauend und zurück blickend. Mein Herz ruft: „Danke! Ich danke für die Wege mit dir!"

Nicht ohne euch

Es ist schon Jahre her, dass mitten in der tiefen Nacht ein Engel zu mir kam. Ein Engel, denk ich, war es. Was sonst? Eine Gestalt, die zu mir sprach:

„Ich biete dir ein Leben ohne Mühe, ohne Not – greif zu! Ein Leben ohne Krankheit“, schob er nach, „und alles, was du brauchst, schenk ich dir noch dazu!“

Während ich dachte, ob's wohl ein Engel ist, was sonst, und ob ich wach bin oder träum, bot er noch mehr:

„Das Leben, das ich meine, ist ohne Leid und ohne Tod!“

„Ein Leben, wie es schöner nicht geht!“, rief ich. „Das nehm ich gern, nur her damit!“

„So sei es“, sprach er. „Es ist ein Leben ohne Sorge.“

„Sorge, wer braucht die schon!“, rief ich.

„Wir verstehn uns“, lachte er, der wohl ein Engel war. „Wer braucht schon Krankheit und Leid, Sorge und Not, die Liebe und die Liebsten? Wer braucht das schon, wenn es ein Leben ist, wie es schöner nicht geht!“

„Ohne meine Liebsten?“, stutzte ich. „Das will ich nicht!“

„Na bitte", höhnte er, „dann geh den Lebensweg mit Mühe, Arbeit, Not und Sorge, mit Krankheit, Leid, Abschied und Tod. Dann geh den Weg! Doch eines weiß ich sicher: Es kommt die Zeit, da du zurückblickst und bereust. Es kommt der Tag, da steht der Tod vor dir. Dann schreist du nach mir."

Und er entschwand.

Ich ging den Weg. Hier bin ich nun, die letzten Schritte tat ich schon, und schnell ruf ich zu dem, der wie ein Engel schien: „Nein, ich bereue nicht!"

Dankbar geh ich weiter in ein unbekanntes Land. Alle Liebe nehm ich mit. Nein, ich bereue nicht!

Ob's ein Engel war, ich glaube nicht. Allen echten Engeln ruf ich zu: „Hier komme ich! Ich ging durch Mühe, Leid und Not; doch meine Lieben waren bei mir! So war's ein Leben schön und gut. Hier bin ich nun und ihre Liebe bring ich mit. Dankbar blicke ich zurück und rufe laut: Nein, ich bereue nicht!"

Ewige Heimat

Viele Wege gingen wir gemeinsam, sonnige Strecken voller Freude und Glück, schattige Wege in Leid und Trauer. Nun hat der Tod dich vorausgeschickt. Zwischen unseren Wegen liegt weites Land.

Gott ging stets mit uns, so weit wie keiner.
Als Band zwischen uns
wird er an meiner und deiner Seite sein,
wohin unsere Wege auch führen.
Ich blicke dir nach mit Dank
und danke ihm dafür.

Wir waren nicht immer einer Meinung, aber konnten es uns stets sagen. Wir haben uns vieles anvertraut, doch auch manches verschwiegen.

Gott hörte das Laute, das Leise,
das Ungesagte so deutlich wie keiner.
Er wird uns weiterhin hören,
und wir werden uns hören durch ihn.
Ich blicke dir nach mit Dank
und danke ihm dafür.

Gott kennt unser Hoffen und Bangen,
unser stilles Sehnen und tiefstes Verlangen.
Er kennt uns wie keiner.
Er wird weiterhin in unsere Herzen schauen.
Wir bleiben offen füreinander durch ihn.
Ich blicke dir nach mit Dank
und danke ihm dafür.

Hier war deine Heimat, in der du Freunde fandest und Menschen lieb gewannst. Wir erkundeten die Welt, gemeinsam wie auch jeder für sich, aufrechten Schrittes und manchmal stolpernd.

Gott rief dich nun in die ewige Heimat.
Ich blicke dir nach mit Dank
und danke ihm dafür.

Unglaubliche Gnade

Nichts blieb mir erspart im Auf und Ab der Zeit.
Durch tiefe Täler führte mich mein Weg
und durch manche Dunkelheit.

Doch Gnade war es, die mich trug.

Nun bin ich hier am Ziel, am Ende meiner Zeit.
Viel Schönes brachte mir mein Leben,
doch harte Strecken auch und Schmerz und Leid.

Doch Gnade war es, die mich trug.

Es war mein Mut, der mich stets ins Helle trieb,
und meine Kraft, die mich nach oben zog.
So ging ich meinen Weg.

Doch Gnade war es, die mich trug.

Da war Vertrauen stets in mir
und Hoffnung auch, die nicht aus mir kam,
aber geschenkt mir war.

Doch Gnade war es, die mich trug.

Ich geh allein. Ihr blickt mir nach,
die Herzen voll Trauer, Dank und Liebe,
mit Wehmut und der bangen Frage: Was wird sein?

Doch Gnade ist es, die mich trägt.

Aus Gefahren, Mühen, Angst und Not,
aus allen Schlingen, die das Leben legt,
zog mich mein Gott.

Und Gnade ist es, die mich trägt.

Die Gnade gilt nicht mir allein,
lässt Hoffnung, Frieden und Demut
auch in euren Herzen sein,
verbindet uns und führt mich heim.

Gnade ist es, die uns trägt.

Ich danke dafür

Erinnerung an Leid und der Schmerz des Abschieds sind noch so lebendig in mir.

Ich blicke zurück auf das Leben mit dir.
Fragen wiederholen sich in mir,
weil es keine Antwort gibt.
Tränen wollen mir den Blick trüben.
Ich durchdringe sie, sehe dich im Licht,
und alles Dunkle versinkt langsam hinter dir.
Ich danke dafür.

Ich blicke zurück auf das Leben mit dir.
Ein leises „Verzeih mir“ dringt über die Grenzen
von mir zu dir und von dir zu mir.
Es verbindet uns mehr denn je.
Alles Trennende hat an Bedeutung verloren.
Ich danke dafür.

Ich blicke zurück auf das Leben mit dir.
In den Mittelpunkt treten die schönen Erinnerungen,
und ein „Danke“, ein unüberhörbares „Ich danke dir“
schallt durch Raum und Zeit.

Ich danke für das Leben mit dir. Ich danke dafür!“

Danke für die Tränen

Mancher bittet, wenn er für immer geht, dass man um ihn nicht weine. „Weint um mich", rufe ich. „Vergossen sind eure Tränen nicht! Ja, weint ruhig, denn eure Tränen tun mir gut. Sie tragen mich."

Danke für eure Tränen!
Ich sehe Tränen der Wehmut.
Auf einem Rinnsal von Tränen
schwebe ich durch meine Kindheit,
winke der Mutter zu,
dem Vater, der Heimat.

Danke für eure Tränen!
Ich sehe Tränen der Erinnerung.
Zum Bach geworden tragen mich Tränen
durch meine Jugendzeit.
Ich blicke zurück auf verletzende Ereignisse
wie auf Momente des Glücks.

Danke für eure Tränen!
Ich sehe Tränen des Dankes.
Zum Fluss vereint tragen mich eure Tränen
durch die Zeit meines Erwachsenseins.
Ich erlebe die Sorge wie auch die Liebe,
die sich sanft auf Zeiten des Schmerzes legt.

Danke für eure Tränen!
Ich sehe Tränen der Liebe.
Zum Meer angewachsen
tragen mich eure Tränen
in die unendliche Weite,
in die zeitlose Ewigkeit.

Weint die Wehmutstränen, die Erinnerungstränen, die Dankestränen, die Liebestränen. Vergesst die Hoffnungstränen nicht.

Ein Meer von Tränen schwemmt mich ins Land des Friedens, in die Heimat. Ich werde aufgenommen mit offenen Armen und höre den Ruf: „Komm wieder, Menschenkind. Du bist daheim.“

„Weint ruhig um mich“, rufe ich. „Danke für eure Tränen!“

Verzeih

Zu spät?

Du bist von uns gegangen! Ich bin unsagbar traurig.

Wir hatten gute, schöne Zeiten miteinander. Doch da gab es auch einige Ereignisse, die trennend zwischen uns lagen.

Manches beruhte auf Missverständnissen. Wir hätten uns gut aussprechen können. Wir hätten uns verzeihen können. Hätten wir uns doch vergeben, uns innig in die Arme genommen. Wir wären uns so nah gewesen.

Die Verletzungen hätten heilen können, wenn ich die Kraft aufgebracht hätte, dir zu verzeihen und dich um Verzeihung zu bitten.

Der Schmerz, das versäumt zu haben, lastet auf meiner Seele, erschwert meine Trauer.

Ich dachte, es gibt immer die Chance, Fehler wieder gut zu machen. Nun erlebe ich schmerzlich, dass es doch ein „Zu spät" gibt. Du bist nicht mehr da! Versäumtes dir gegenüber kann ich nicht mehr nachholen.

Ich rufe in die Ewigkeit hinein: „Verzeih mir und wisse, dass meine Liebe ungetrübt ist. In Gedanken umarme ich dich herzlich. Verzeih!"

Über alle Grenzen hinweg

Als du im Sterben lagst, blieb manches ungesagt. Ich hätte dir zum Abschied gern noch verziehen, dich gern um Verzeihung gebeten. Hätten wir doch noch mehr Zeit miteinander gehabt. Hätte ich noch mehr Kraft gehabt. Ich war auch unbeholfen, auszusprechen, was uns noch auf der Seele lag. In diesem Schmerz des Unterlassenen erinnere ich mich an eine Geschichte:

„Hier ist es so ruhig, so friedvoll", sagte der ewig kleine Prinz zu dem Mann, dem er schon an mehreren Tagen auf dem Friedhof begegnet war. Bedrückt war dieser die Friedhofswege gegangen.

„Ja", sagte der Mann.

„Hier findet ihr Menschen Frieden", fuhr der kleine Prinz fort.

„Ich kann den Frieden nicht finden", antwortete der Mann. Und nach einigen Augenblicken der Stille, in denen nur das Schlagen einer fernen Turmuhr zu vernehmen war, ergänzte er: „Bevor sie starb, bevor sie für immer ging, sah ich in ihren Augen die Sehnsucht, die Sehnsucht nach Versöhnung. Die Sehnsucht, bedingungslos geliebt zu werden, die Sehnsucht, zum Abschied umarmt zu werden. Ich habe nur dagestanden. Ich habe mich nicht gerührt."

„Du hast die Sehnsucht gespürt", verstand der Prinz.

„Oh ja, das habe ich, und wie ich sie spürte. Da war nichts anderes in diesem Augenblick. Ihre Sehnsucht füllte den Raum. Ich stand nur da, dann ließ ich sie mit dieser Sehnsucht allein. Doch ihr Blick ist noch da und schaut mich an, bei Tag und bei Nacht. Es ist zu spät. Dort drüben liegt sie nun im Grab. Es ist zu spät."

„Manchmal ist es zu spät für das, was wir versäumen", sagte der kleine Prinz bedächtig, „Zeit lässt sich nicht zurückdrehen."

„Ich hatte zu wenig Erfahrung im Umgang mit Sterbenden. Ich hätte frühzeitig etwas darüber lesen sollen", sagte der Mann.

„Und dein Herz?", fragte der Prinz.

„Mein Herz spürte die Sehnsucht, aber ich hatte zu wenig Erfahrung."

„Zu wenig Erfahrung", wiederholte der kleine Prinz leise. Zu wenig Erfahrung mit dem Herzen, seltsam, dachte er. Ein Leben lang schlägt das Herz der Menschen, schon im Mutterleib, vom ersten Augenblick ihres Seins bis zur letzten Sekunde. Das Herz ist ihr Mittelpunkt, es ist ihr Leben. Aber sie haben zu wenig Erfahrung mit ihrem Herzen. Manchmal leidet es, manchmal schreit es auf, doch sie hören ihr Herz nicht. Wenn sie es hören, lassen sie

sich nicht davon bewegen, als wären sie starr, nicht lebendig. So verpassen sie die bedeutendsten Augenblicke ihres Lebens, die Menschen, dachte der ewig kleine Prinz.

„Wenn ich noch einmal die Gelegenheit hätte", sagte der Mann.

„Ich glaube, wenn ein Mensch auf sein Herz hört, wird die Vergangenheit ihn nicht würgen; sie wird sich mit ihm versöhnen und ihn auf neuen Wegen in die Zukunft tragen", sagte der ewig kleine Prinz zum Abschied. Er musste weiter, um noch viele Menschen kennenzulernen, um mehr zu erfahren über Liebe und Leid, über Sehnsüchte und Hoffnungen, über alles, was die Menschen tief im Herzen bewegt.

Er blickte noch einmal zurück, sah den Mann ans Grab treten, hörte ihn sprechen: „Über die Grenze von Leben und Tod hinweg schließe ich dich in die Arme, bedingungslos. Ich halte dich. Wenn es etwas zu vergeben gibt, vergebe ich. Wenn du noch etwas sagen möchtest, höre ich dich. Ich drücke dich – über die Grenze von Leben und Tod."

Die ferne Turmuhr schlug.

Ich denke an diese Geschichte, weil ich mich in ihr wiedererkenne. Ich hätte dir auch gern vieles noch gesagt und viel von dir gehört. Ich war zu unbeholfen. Verzeih!

Friede

Wie gerne wäre ich noch geblieben. Aber zunehmend spürte ich, dass es für niemanden ein Bleiben gibt. Die Ewigkeit ist nicht auf dieser Welt. Ich kämpfte zu bleiben, doch zu stark wurde der Ruf in die ewige Heimat.

Es war viel Abschiedsschmerz in mir. Ich hätte vieles noch gern getan, gesagt. Ich habe manches vermisst, ersehnt.

Ich hätte Lasten gern abgelegt. Ich wäre euch gern näher gekommen, noch näher im Abschied. Vielleicht wäre ein Gebet heilsam gewesen.

Doch ich möchte, dass du weißt: Ich verließ euch nicht mit Verbitterung, nicht mit dem Gefühl, zu viel vermisst zu haben, nicht seelisch verletzt und nicht im Groll. So sollte niemand Abschied nehmen.

Friede legte sich auf mich. Belastendes sank weit und weiter fort. Dann war Geborgenheit nur, Liebe nur und Dankbarkeit. Da war Trost.

Hör mich! Ich rufe dir zu: „Der Trost darf nun auch in deinem Herzen sein!“

Entschuldigung bei Vater und Mutter

Du hast mir als Vater (Mutter) das Leben geschenkt. Nun belastet mich, dass ich oft undankbar war.

Du gabst so viel und verzichtetest oft. Zu selten habe ich dir meinen Dank gezeigt. Zu schwach habe ich Mühe und Sorge gewürdigt. Verzeih mir!

Dabei hattest du es oft nicht leicht. Manche Last hast du still getragen. Da hast mehr Anerkennung verdient.

Ich erinnere mich gern an meine Kindheit. Ich weiß noch, wie du mich auf den Schultern trugst. Ich sehe den ersten Schultag und so viele schöne Erlebnisse mit dir.

Doch später gab es leider auch Missverständnisse zwischen uns. Das war sicher belastend für dich. Wenn ich dir Sorge bereitet habe, tut es mir leid. Verzeih!

Uns blieb nicht mehr die Zeit, Brücken zu bauen. Nun ist nicht mehr die Zeit, Bedingungen zu stellen an Entschuldigung und Vergebung. Trennendes hat seine Bedeutung verloren.

Der Tod ist stärker als die Zeit. Er fordert bedingungslose Entschuldigung und unvoreingenommene Vergebung. Ich rufe schnell, gern und tief: „Entschuldigung! Verzeih! Ich hab dich lieb!“

Verzeih

Jetzt, wo ich dich vermisse, wünschte ich, ich wäre öfter nahe gewesen – mit Taten, Gedanken und Worten.

Du brauchtest mich,
doch ich war nicht da.
Verzeih!

Du hast vergeblich gewartet,
doch mein Platz blieb leer.
Verzeih!

Du wünschtest dir meine Nähe,
doch ich war beschäftigt.
Verzeih!

Du hast Dank erhofft,
doch ich habe nur an mich gedacht.
Verzeih!

Du wolltest verstanden werden,
ich habe nicht hingehört.
Verzeih!

Jetzt, wo ich dich vermisse, wünschte ich, ich wäre öfter nahe gewesen. Das „Verzeih!“ rufe ich dir aus tiefstem Herzen zu. Ich spüre, wie du es hörst und annimmst. Höre auch, dass ich dich gern habe. Ich danke dir!

In Gottes Hand

Wir haben gehofft, gebangt, gebetet, geweint, dich gehalten – und dennoch musstest du gehen.

Wir sind stark gewesen!
Waren wir doch oft zu schwach?

Wir haben das meiste gut gemacht!
Sind uns doch Fehler unterlaufen?

Wir haben alles Mögliche versucht!
Hätten wir mehr tun können?

Wir haben an vieles gedacht!
Was haben wir vergessen?

Wir haben auf alles geschaut!
Was haben wir übersehen?

Wir haben so viel gegeben!
Sind wir trotzdem viel schuldig geblieben?

Was hätte ich mehr für dich tun können? Was habe ich versäumt? Wo habe ich gefehlt? Habe ich Schuld auf mich geladen? In meine Fragen hinein ruft Gott mir zu: „Friede sei mit dir! Nun ist alles gut!" Gern nehme ich dies an. Ich öffne mein Herz und weiß: Alles Verpasste, Unausgesprochene, Unbeantwortete, Belastende und Unlösbare liegt nun in Gottes Hand.

Zum Ende

Durch Gott miteinander verbunden

Allmächtiger Gott, du bist der Ursprung allen Lebens und das Ziel, zu dem alles Leben strebt.

Wenn ein geliebter Mensch diese Erde verlässt, öffnest du deine Arme weit und rufst: „Komm wieder, Menschenkind!"

So dürfen wir gewiss sein, dass unser Weg weder in die unendliche Einsamkeit führt noch ins unendliche Nichts. Das macht uns getrost.

Wenn Trauernde vor dir stehen, hebst du deine Arme, segnest sie und rufst: „Lass deiner Trauer Zeit!"

So dürfen wir gewiss sein, dass du auf dem langen Weg durchs Dunkel bei uns bist und uns geduldig geleitest.

Wenn Menschen, die vorausgehen, mit denen gemeinsam vor dir stehen, die zurückbleiben, reichst du einen Arm in die Ewigkeit und den anderen in diese Welt.

So dürfen wir wissen, dass wir Abschied nehmen und loslassen können und doch verbunden sind durch dich.

Schau auf Trauer, Schmerz, Liebe und Dankbarkeit

Großer Gott, dass wir traurig sind, ist offensichtlich.

Die Traurigkeit erdrückt uns schier; denn wir sehen, dass die wunderbaren Zeiten, die wir miteinander erleben durften, schnell verrauscht sind und ein Ende haben.

Es ist, als ob der Schmerz uns zerreißt; denn wir können uns nicht vorstellen, getrennt voneinander zu sein.

Du siehst den Schmerz, gütiger Gott; doch sieh auch unsere Dankbarkeit und Liebe.

Mitten in Trauer und Schmerz sind wir unendlich dankbar für alle Wege, die wir miteinander gehen durften, für alle Erlebnisse, die wir teilen konnten.

In uns ist Liebe! Diese Liebe wird durch nichts erdrückt, nicht durch Schmerz, nicht durch Leid. Selbst der Tod kann sie uns nicht nehmen. Sie ist sogar stärker denn je.

In deine Hände, allmächtiger Gott, legen wir unsere Traurigkeit, unseren Schmerz, unsere Liebe, unsere Dankbarkeit und alles, was kommen wird.

Wohin unsere Wege auch führen: Begleite uns weiterhin!